U0103604

故宮三字經

趙廣超　吳靖雯

著

三聯書店（香港）有限公司
Joint Publishing (H.K.) Co., Ltd.

目錄

序　繼往開來，傳承文化

　　長久以來，我時常感受到故宮書籍的出版之於文化傳承的重要性。這種傳承除了學術上的推陳出新、藝術上的多彩呈現、宣傳上的傳播引導之外，還有一則，那就是用更加活潑、新穎、親切的方式培養我們未來的知音，讓更多的小朋友發自內心地喜歡故宮，從而走進故宮、了解故宮，繼承並發揚故宮蘊含的傳統文化的光輝。

　　很高興設計及文化研究工作室的趙廣超先生及其團隊，如此精心地打造這套《我的家在紫禁城》系列。我相信，這個系列能讓小朋友在掌握知識、感受傳統文化的同時，亦能津津有味、興趣盎然地閱讀它。就是像你我這樣的成年人，也可以藉著本書，一同來回味那已逝的童真，並輕鬆地欣賞故宮文化的廣博！

王亞民

故宮博物院原常務副院長暨故宮出版社社長

前言

宋代的《三字經》，是目前所知流傳最久、最廣的兒童啟蒙讀本，相當於今天的通識教育。這本以故宮為題材的小書，有意模仿古人，利用簡單圖文的格式，請大家看看圖，看看字，大字若是不明白則可以再看註釋小字。全書共分三部分：

「這故宮　看得見」：

顧名思義，就是一些在故宮看得見的東西，按建築佈局分為「前朝」和「後宮」，近乎看圖識字，較好懂。

「這故宮　皆概念」：

再進一步，了解在故宮看得見的東西背後的意思，有點像打啞謎。

「既深奧　又玄妙……」：

前面看不明的話，也許這部分的解說可以幫得上忙。若仍未看得懂，也沒關係，畢竟這是一座 600 年歷史的皇宮，要一下子明白，實在不容易哩！

六百年
人和事

這故宮
看得見

在歷史悠久的文化之中，每件事物都有它特殊的含義和解釋。前身是宮殿的故宮博物院，落成至今已超過六百年，明、清兩代皇帝都先後將中國王朝的正統「符號」，積極地體現於這一座皇宮中的建築及裝飾之上。於是，紫禁城就好像一部立體的中國文化歷史符號集，俯仰之間，都有故事……

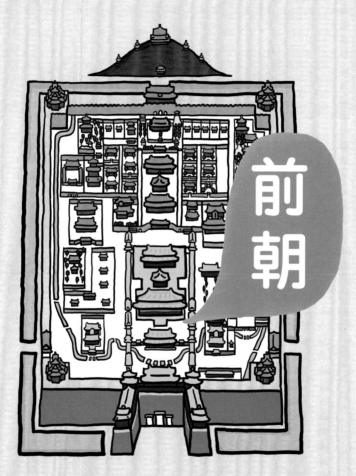

前朝

紫禁城是明、清兩代的宮殿，至今仍完整地保留著當年皇帝辦公及接見大臣的「前朝」，以及皇帝與家人過生活的「後宮」。

昔紫禁，帝王殿。今故宮，博物院。

天安門，本皇城；端門前，衣冠整。
古天子，立五門；天闕開，瑞祥來。
皇宮內，七寶頂；映蒼穹，北斗星。

午門藏，凹凸字；明三門，暗五道。
外面方，內裡圓；民從地，君居天。
曾廷杖，打屁股。幾吆喝，釋戰俘。

金水河，五橋渡，兼仁義，禮智信。
水火濟，吉祥鼎；太和門，拉滿弓。
燃火把，插欄杆，後石製，仍生輝。
須彌座，最尊貴。大土字，夠氣勢。
帝皇座，九五尊；前三殿，拱青天；

屋檐彎，向上翻；像巨鳥，下凡間。
七八九，防瓦走；太和殿，添一獸。
大正吻，咬得緊；加一劍，十三件。

最高級，四坡面；最複雜，九脊殿。
樑枋披彩衣，包袱今仍見。

大登科，保和殿；箭亭射，武狀元。
青銅器，陳丹陛，大朝儀，雲煙蔽。
萬邦朝，或夷狄，好用端，來翻譯。
吉祥缸，３０８，軍刀曾，不停刮。
橫街前，天下事；咫尺內，宮娥聲。
廷寄軍機處，莫不敢從命。

昔紫禁 帝王殿

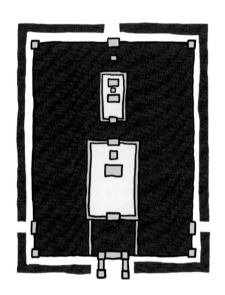

位於中國首都北京的紫禁城，1406 年在明代第三個皇帝朱棣的
任期內開始興建，於 1420 年落成。這是明、清兩個朝代 24 位
皇帝曾經居住過的皇宮。

今故宮 博物院

昔日的皇宮在 1925 年由皇帝的家化身成為向千萬遊客開放的
「故宮博物院」，藏品超過 180 萬件，主要是以明、清兩代
皇宮的收藏為基礎。「故宮」的意思，便是「過去的皇宮」。

天安門 本皇城

　　天安門是古皇城的大門。明、清皇帝向天下頒佈重要的詔令時，
會用木雕漆金的鳳凰銜著詔書從城樓上降下，稱為「金鳳頒詔」。
1949 年中華人民共和國成立的時候，就在這裡舉行了開國大典。

端門前 衣冠整

端門，端正之門。這是進入皇宮之前的最後一道門。
官員和外國使節來到這裡，照例要再整理衣冠，端正儀容。

古天子
立五門

天子「三朝五門」的門殿制度源自周代。一般認為「五門」是皋門、雉門、庫門、應門和路門。歷代朝廷就各按實際條件和需要來配合、比附五門之制。明代的五門是大明門、天安門、端門、午門和太和門；清代的五門則從天安門開始，然後是端門、午門、太和門和乾清門。

天闕開
瑞祥來

保安森嚴的皇宮平日宮門保持緊
閉，只在舉行慶典時才會打開。

皇宮內
七寶頂

古人相信，皇帝貴為天子，所住的宮殿就像一面鏡子，映照著天帝所居住的紫微星垣。

天樞　　　　　天璇

天璣

天權

玉衡

開陽

瑤光

映蒼穹
北斗星

這七顆星分別在紫禁城的午門（四顆）、中和殿、交泰殿和欽安殿的寶頂之上，閃耀著人間最尊貴的光芒。

午門藏 凹凸字

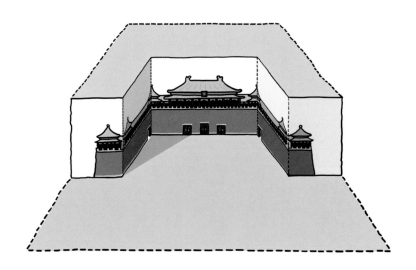

　　午門是中國建築中等級最高且最尊貴的門制。兩翼如雙臂前伸，
無論從平面或立體上看起來都是個大「凹」字。左右高觀
（東、西雁翅樓），開揚告天。午門前面的廣場相對便成為一個大
「凸」字，合在一起，既象徵吸納千祥，又寓意天下朝拱、萬國來朝。

明三門 暗五道

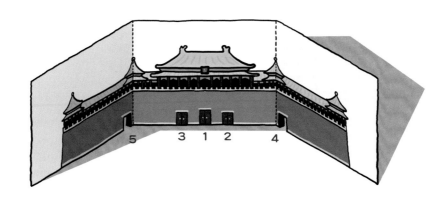

5   3 1 2   4

還有兩門躲在兩翼之下，原來是 …… 五道門，
俗稱「明三暗五」，像摺起來的天安門。

外面方 內裡圓

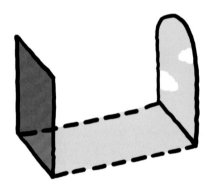

午門的門洞，南面是方形，北面則呈圓拱形，
成為由地至天的過渡，像是從人間走到天上。

民從地　君居天

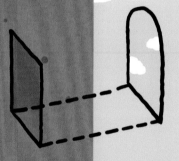

人民匍匐在地，皇帝君臨天下。

曾廷杖 打屁股

拿去！拿去！拿去！拿去！
拿去！拿去！拿去！拿去！
拿去！拿去！拿去！拿去
拿去！拿去！拿去！拿去
拿去！拿去！拿去！拿去

午門曾經是明代皇帝處罰大臣的「廷杖」之地。縱然殘忍，卻也不至於發生「推出午門斬首」的民間傳說。

24

幾吆喝 釋戰俘

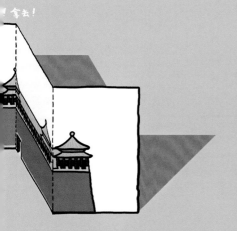

遇有重要戰事，大軍凱旋，會在午門舉行向皇帝敬獻戰俘的「獻俘禮」，以示國威。

金水河
五橋渡

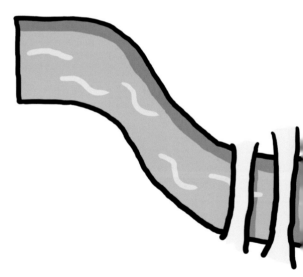

穿過午門，進入太和門廣場，內金水河上有五座漢白玉石橋。

兼仁義
禮智信

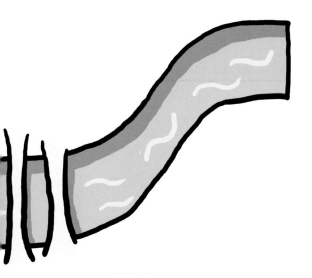

象徵儒家的五種德行：仁、義、禮、智、信。

水火濟 吉祥鼎

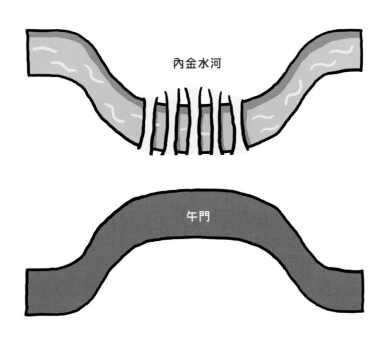

內金水河

午門

水（河）、火（午門）互濟，像一個吉祥大鼎。

太和門 拉滿弓

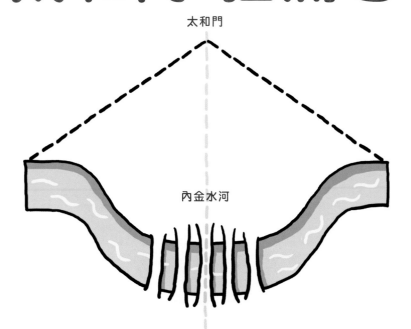

太和門

內金水河

彎彎小河，像一把射向前方的弓，　象徵皇帝面南而治，無遠弗屆。

燃火把 插欄杆

古代木欄在夜裡會插上火把照明，後來改用石頭，
柱頭依然保留火焰紋樣。

後石製 仍生輝

太和門廣場兩旁的欄柱，內裡暗設「石別拉」（滿語，即警報器）。
倘若出了什麼狀況，衛兵會即時吹起柱頭的小孔，
發出類似螺聲的「嗚、嗚」警報聲，向宮內示警。

須彌座
須彌座
須彌座

最尊貴

須彌座台基的樣式源於佛座，據傳為喜馬拉雅山（須彌山）的音譯，
寓意佛陀法力無邊，比世界上最高的山還要博大。
紫禁城裡最重要的太和殿，其須彌座甚至有三層！
象徵皇帝地位崇高，在世上無人能比。

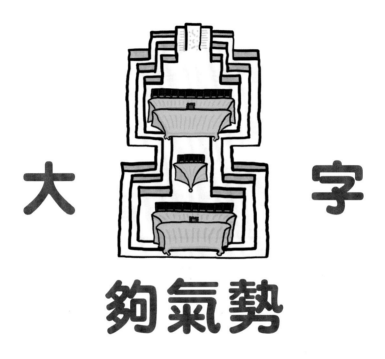

大 字

夠氣勢

面積達 26,000 平方米的漢白玉石台基，
只有從鳥瞰角度才可讀出這個偌大的「土」字，在庭院中任何一角
都只能看到部分筆畫。其上矗立著宮城裡最大的宮殿。

帝皇座

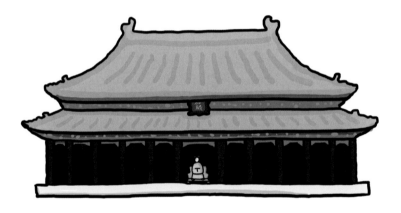

太和殿最初落成時是一座面闊 9 間、縱深 5 間的「九五之尊」宮殿。

九五尊

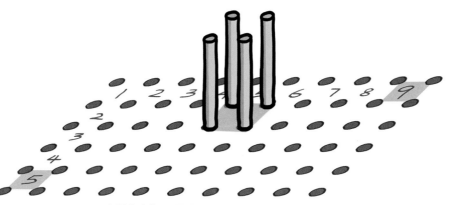

康熙皇帝把 9 間改為 11 間

由於明代宮廷不斷大興土木，到了清康熙重建太和殿的時候，
上好足材的木料已供不應求，於是便將木柱的間距調整為 11 間，
以縮短跨度，解決大材不足的問題。

前三殿
拱青天

巨大的庭院由多個不同虛實的「凹」「凸」空間組合而成。三大殿中的中和殿便是天地一切的和諧核心。

屋檐彎
向上翻

巨大的屋頂，屋檐兩邊看
起來會呈現下墜的錯覺。
傳統中國的屋檐一般會將

像巨鳥
下凡間

兩邊簷角微微上翹，使它看起來依然保持在一條具備活力的直線上。

七八九
防瓦走

仙人　龍　鳳　獅子　海馬　天馬

脊獸是琉璃瓦製成的保護套，
套在屋脊的木栓和鐵釘上面，防止滲漏和鏽蝕。

押魚

狻猊

獬豸

斗牛

行什

宮殿越高級，四邊垂脊上的脊獸數量便越多。最高級的太和殿共有脊獸 10 隻（仙人不計算在內），是全國獨有。

太和殿
添一獸

還會噴水

大正吻

正吻的主要功能是穩固屋頂，
緊緊咬實殿頂幾條最巨大屋脊的交接點。

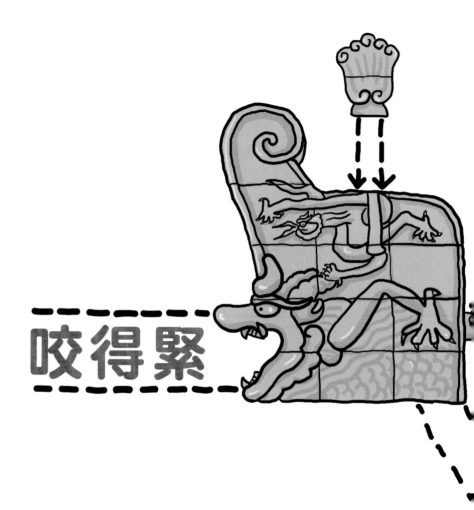

咬得緊

傳說檐下的套獸便是大正吻的「妻子」。自從正吻被釘牢在殿脊後，
鴟太太（正吻又名鴟吻）就躲藏在檐下看望。每逢風雨之夜，
鴟太太便會乘黑遊出來，到殿脊上與丈夫一訴衷曲，非常痴心……

加一劍

正吻位於正脊兩端和垂脊的交匯點，正是防水的最薄弱環節。除了龍頭咬緊，頭上更插一把劍，牢牢地釘著。

十三件

太和殿屋頂的正吻全國最大，高 3.4 米，重 4.3 噸，由 13 件琉璃構件組成。正吻頭朝內，張口銜脊，背部有釘子和屋脊相連。

鴟太太

丈夫日曬雨淋，太太在角樑端日夜守望。

最高級 四坡面

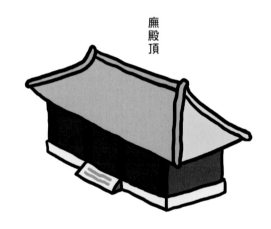

廡殿頂

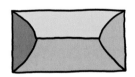

總共 4 個坡面

等級最高的是廡殿頂，特點是前後左右共 4 個坡面、5 條屋脊。只有帝王宮殿或敕建寺廟可以採用這種屋頂制式。

最複雜 九脊殿

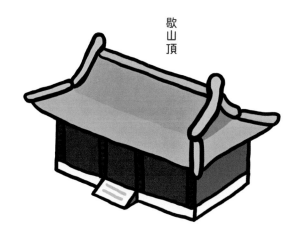

歇山頂

有9條屋脊的歇山頂，結構比四坡面複雜，
等級卻較次。

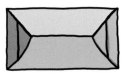

總共 9 條脊

樑枋披彩衣

古時的樑以布包裹作為保護和裝飾之用，交接處更會以鐵箍加固。
這件「彩衣」漸漸變成了樑上的「彩畫」，兩邊的《》或（）框號紋樣，
便有「包袱」及「框頭」的寓意。

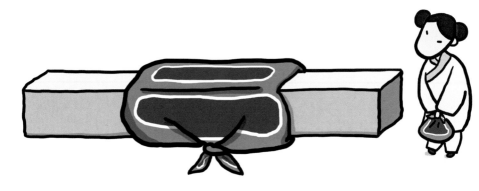

包袱今仍見

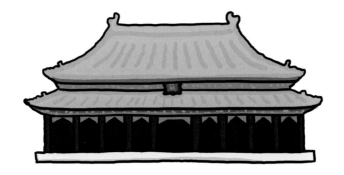

大登科 保和殿

乾隆後期，保和殿成為舉行「殿試」的場所。殿試是科舉制度下最高級的考試，每 3 年舉行一次。在殿試一個月後，就是「殿試傳臚」，即公佈考試結果的日子。考得第一名的叫做「狀元」，第二名是「榜眼」，第三名是「探花」。

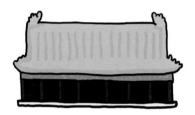

箭亭射武狀元

位於紫禁城東部的箭亭，亭前寬敞開闊，為殿試武進士考核馬、步射及弓、刀、石之處。乾隆和嘉慶皇帝都曾在這裡演練武藝。除了用於武狀元的閱試外，還讓皇子皇孫在這裡跑馬射箭。每當擺起箭靶，八扇大門便會全部打開，人站在亭內拉弓放箭，武士列隊在兩旁助威。

青銅器
陳丹陛

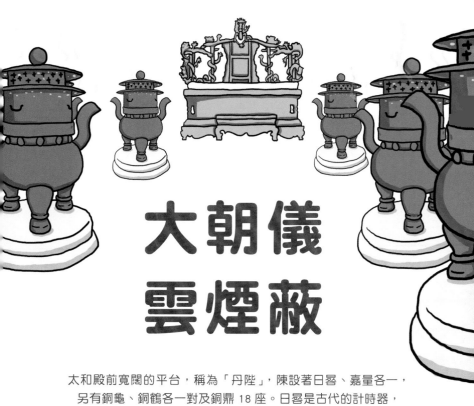

大朝儀
雲煙蔽

太和殿前寬闊的平台，稱為「丹陛」，陳設著日晷、嘉量各一，
另有銅龜、銅鶴各一對及銅鼎 18 座。日晷是古代的計時器，
嘉量是古代的標準量器，都是皇權的象徵。

萬邦朝 或夷狄

Long Live Your Majesty

清朝盛世，國內外的使節千里迢迢來送禮，與中國建立良好的邦交友誼。在眾多奇珍異品中，皇帝特別欣賞精緻的西洋器物，宮中的內務府造辦處也曾嘗試製造。

好用端 來翻譯

（粵音：鹿）

皇上萬歲
萬萬歲

神獸「甪端」曉天下事兼精通多國語言，
正好充當皇帝的「翻譯官」——在皇帝寶座
兩邊值班，好在萬國來朝之時替皇上即時
傳譯。

宮殿門前的吉祥水缸儲滿清水，以供防火之用，保皇宮太平。

軍刀曾 不停刮

八國聯軍

1900 年，八國聯軍入侵中國，在紫禁城大肆掠奪，
貪婪的聯軍甚至用刺刀刮削鎏金銅缸上的金屑，
致使太和殿兩側的大缸上留下了纍纍刀痕。

横街前
天下事

咫尺內宮娥聲

乾清門廣場俗稱「橫街」，是宮中的要道樞紐，
同時分隔開前朝和後宮。

廷寄軍機處

雍正年間成立的軍機處，是皇帝的私人秘書班子，權力凌駕於一切部門之上。

莫不敢從命

乾清門廣場東側的九卿值房，是清朝大臣等候皇帝召見的地方。
現已改建為商店，供遊客歇息及購買紀念品。

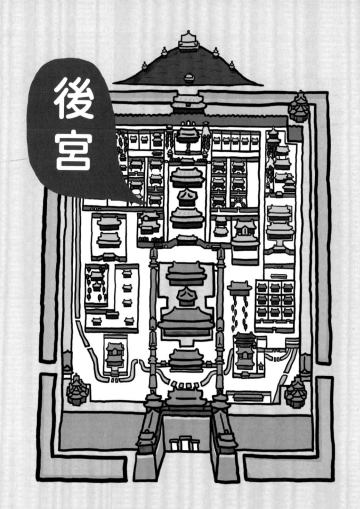

「後宮」是皇帝與家人生活的區域，比「前朝」小巧精緻，
私密性極高，素有「大內」之稱。

宮闈事，掩耳聽。大內澆，琉璃花。

乾清宮，廿七床；清建儲，匾後藏。
雍正遷，養心殿；乾隆皇，三希堂。
東廂垂簾聽，明窗告清亡。

后正寢，坤寧宮；中交泰，嬪兩傍。
承乾喻，好妻子；螽斯兆，生孩子。

寂寥宮西面，長長東筒子。
上諭每多知道了，藍批竟是帝賓天。

東西路，樹青蔥；大中軸，無草木。
文華殿，修四庫；武英印，殿版多。

清高宗，寧壽宮；乾隆登，太上皇。
慈寧太后宮；阿哥南三所。

大瓶象，象太平；暴民闖，留箭鏃。
影壁後，食無憂；御花園，樂悠悠。

好景山，擋北風；帝皇家，最舒服。
瓦金黃，紅宮壁，長天望，三原色。

宮闈事

乾清門前兩隻鎏金銅獅，耷拉著雙耳，寓意非禮莫聽，各人要安份守己，事事少聽、少議論。

無微不至的媽媽

掩耳聽

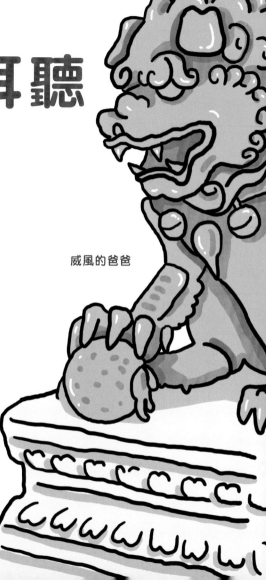

威風的爸爸

大內澆

琉璃花

乾清門兩側的照壁上長出玲瓏的西番蓮琉璃花，裝飾得像一幅幅浮雕，既美觀又具保護作用，使後宮顯得格外親和，充滿生活情調。

乾清宮 廿七床

明朝的乾清宮作複式間隔設計，上下兩層
一度有 27 張床，皇帝每晚就寢之處幾乎無人知曉，
更顯得宮廷神秘莫測。

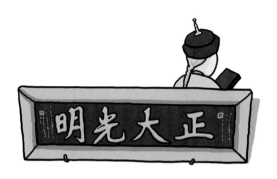

清建儲 匾後藏

雍正皇帝為免皇室爭鬥，創立秘密建儲制，在「正大光明」
匾額後暗藏皇帝的遺詔，內置天下最大的秘密——
下一任皇帝的名字。

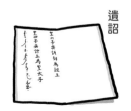

遺詔

雍正遷 養心殿

　　自清代雍正皇帝起，養心殿便成為皇帝日常起居和理政的宮殿。
　　勤政的雍正皇帝親自撰寫了一副對聯，掛在養心殿的西暖閣裡：
「惟以一人治天下，豈為天下奉一人。」意思是做皇帝就是治理天下的百姓，
　　豈是為了要天下百姓來侍奉皇帝一個人？

乾隆皇 三希堂

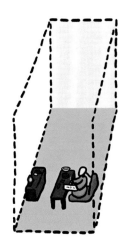

面積僅十二平方米的三希堂，位於養心殿的西暖閣，是乾隆皇帝
的書房，至今仍大致保留當年的格局。三希堂以收藏三件墨寶而
聞名於世：王羲之的《快雪時晴帖》、王珣的《伯遠帖》及
王獻之的《中秋帖》。

東廂垂簾聽

清末同治及光緒年間，因為皇帝年幼而由太后臨朝。
清朝不准女性干政，於是垂下簾子隔開，表示太后不在朝廷上聽政。

明窗告清亡

912 年，隆裕太后在養心殿中宣告清帝退位，　　　　　滿清皇朝正式終結。

后正寢 坤寧宮

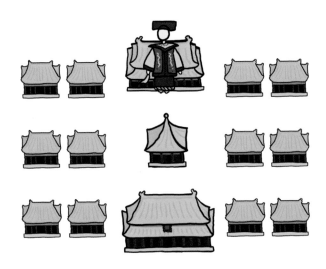

明代時，坤寧宮是皇后的正寢宮。乾清宮代表陽性，坤寧宮則代表陰性，以表示天地陰陽合壁之意。清代自順治十二年改建後，坤寧宮成為了薩滿教祭神的主要場所。

中交泰 嬪兩傍

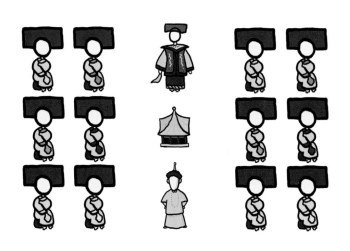

交泰殿兩旁為東、西六宮，每邊各成一坤卦，即屬陰性。
明、清兩朝皆皇帝嬪妃之居所。

承乾喻 好妻子

皇帝的妻妾甚多：皇后、皇貴妃、貴妃、妃、嬪、貴人、常在、答應。
因此特別要求妻妾賢淑，一心一意侍候皇上，保持後宮一團和氣。
東、西六宮的名稱也顯示出對「好妻子」的期望。

螽斯兆 生孩子
（粵音：宗）

　　「螽斯」是一種繁殖力很強的昆蟲，而「螽斯門」就是多子多孫的意思，
強調住在東、西六宮的嬪妃，要多生孩子，這樣皇帝的地位才可以永遠延續。
東、西六宮的百子門、千嬰門、麟趾門，也有同樣的寓意。

寂寥宮西面

紫禁城西側是清代太后的宮區，太后、太妃乃至先帝的嬪妃皆在此生活，所以有「寡婦院」的說法。這裡基本上和後宮日常事務無涉，與其他宮區比較，倍感寂寥。

長長東筒子

處於寂靜的東六宮與熱鬧的寧壽宮（暢音閣戲台）之間的東筒子，不屬於任何內廷宮院，卻最能予人宮院深深的印象。經專家考據，這裡可能是元代宮殿的東牆所在。

皇仁飲食 敕少施道乎逆門統手室百年之
私匈亭筆書生匠 不衛邀溯之至荒味理

當然夫人欽服

知道了

上諭每多知道了

皇帝檢閱大臣的奏摺，會用硃砂紅筆批閱，簡稱「硃批」。
皇帝駕崩，新君在國喪期間，奏折上的批示改用藍色，因此稱為「藍批」。

藍批竟是帝賓天

東西路

樹青葱

康熙時曾核查明宮記載，紫禁城內十分之六七的明代宮殿名稱無從稽考。現在故宮前朝東西路的青葱松林，很可能曾經是明代宮殿的一部分，訴說著由林木建成的宮殿樑柱又再還原為一棵棵樹木的故事。

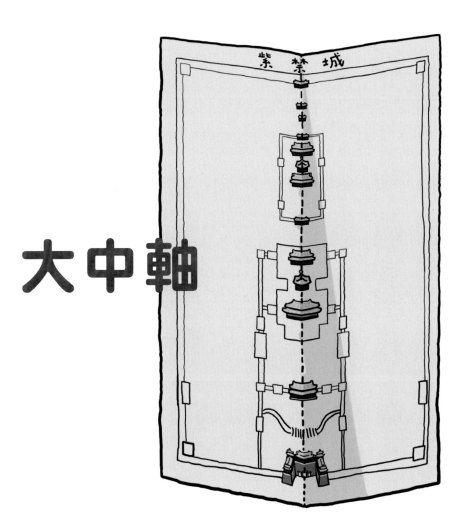

大中軸

紫禁城

天一生水

黃土居中，天子置中迎四方。在中軸線上，由金水河至天一門前的範圍一切皆是「永恆的法統」，時間彷彿凝固，植物、動物等有機元素均不會出現。朝廷亦會定時安排除草隊為廣場除草。

無草木

金（金水河）生麗水

文華殿 修四庫

位於東面的文華殿，是皇帝舉行「經筵」、聽講經官講學「進講」的地方。
殿後的文淵閣於乾隆年間建成，是皇家收藏《四庫全書》的圖書館。
黑色的琉璃瓦頂，綠色的琉璃瓦剪邊，在五行意象上屬水，有防火的寓意。

武英印 殿版多

與文華殿相對應，武英殿位於紫禁城的西面，即一文一武。康熙年間，曾開武英殿書局，並設修書處掌管書籍的刊印與裝潢。著名清代「殿本」就是指清宮內務府武英殿所刻印的書籍。初用銅活字，後改用木活字，命名「聚珍版」，印刷水平遠超前朝。同治八年（1869）武英殿大火，所藏部分優質書版付之一炬，十分可惜。

清高宗 寧壽宮

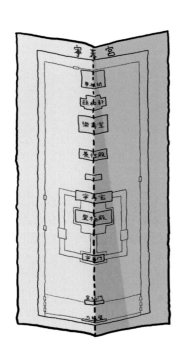

被喻為「紫禁城中的紫禁城」的寧壽宮，位於紫禁城的東北面。這是乾隆皇帝為了退休後榮升太上皇而建的宮殿，佈局跟紫禁城近似，同樣有一條皇者的中軸線。

乾隆登 太上皇

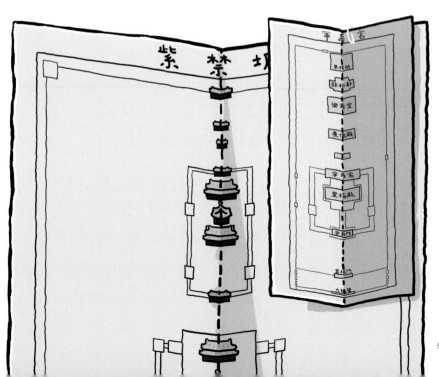

慈寧太后宮

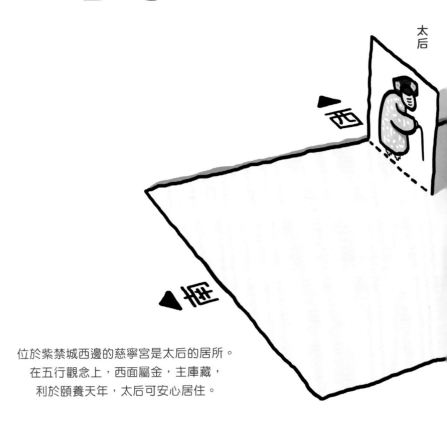

太后

西

東

位於紫禁城西邊的慈寧宮是太后的居所。
在五行觀念上，西面屬金，主庫藏，
利於頤養天年，太后可安心居住。

阿哥南三所

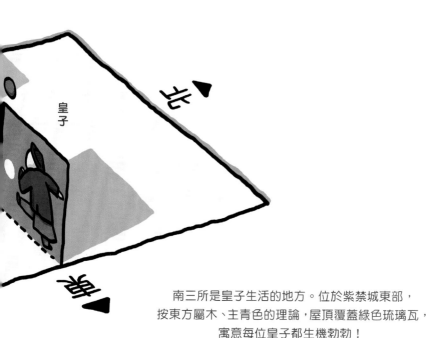

皇子

北

東

南三所是皇子生活的地方。位於紫禁城東部，
按東方屬木、主青色的理論，屋頂覆蓋綠色琉璃瓦，
寓意每位皇子都生機勃勃！

大瓶象
象太平

太平有象，一片太平景象，繁華盛世。

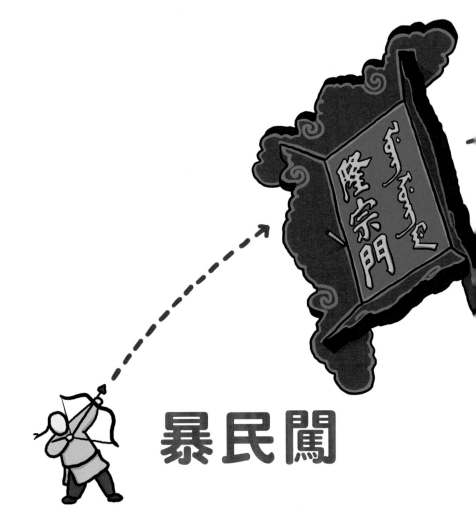

隆宗門

暴民闖

留箭鏃

1813 年，天理教暴民衝進紫禁城，混戰中隆宗門處留下了一個箭鏃。事後嘉慶皇帝下旨將之保留，永作警惕。

影壁後

食無憂

後記是皇家最私密的事情，恕不奉陪諸君，小的功成身退。

御花園

位於皇宮最北端的御花園原為帝王后妃休憩、遊賞而建。
園中佈滿松、柏、竹、疊石假山和亭台樓閣。

樂悠悠

御花園的佈局精巧緊湊，猶如花園地上的石子路般精緻玲瓏。

好景山 擋北風

明代建紫禁城時，將拆除舊皇城的渣土、挖新城筒子河的泥土，
加上工程剩下的廢料，通通堆積在元朝建築迎春閣的遺址上，
形成一座土山，取名「萬歲山」，清代時改名「景山」。
這可說是個相當環保的堆填工程。

帝皇家 真舒服

京師冬天寒冷，坐北向南的房子有利於抵禦北風。
由於紫禁城後面沒有天然的山丘，人工建造的這一座景山，既符合中國傳統
「背山面水（金水河）」的風水格局，又發揮了擋北風的功能。

瓦金黃

紅宮壁

長天望

三原色

　　紫禁城由尊貴的紅牆、黃瓦組成，遇上晴朗的藍天，
剛好是紅、黃、藍三原色的組合。中國建築與自然共處，
大自然中的元素也成為了建築構件之一。

這故宮
皆概念

普天下，皆王土；中國者，萬國中。
大方向，南為尚；有瑞獸，鎮四方。

東屬龍，青春木；南朱雀，夏彤紅。
西白虎，秋金庫；北玄武，冬蟄伏。

宮朝南，開午位；皇子在，禁城東。
老太后，西頤養；神武在，無寒風。

四維定，五行成；中黃土，帝王局。
人法地，地法天；無無極，有太極。

八卦無內外，萬物皆陰陽。
雙數陰，單數陽；陽生陰，陰生陽；
乾坤轉，日夜長。

五正中，九最強；九五尊，龍飛天。
九九數，常遇到，甚至乎，消寒圖。

故宮博物院，紫禁城宮殿；
看見看不見，皇家的背面。

普天下皆王土

中國者

普天下 皆王土

萬國中

夏至

大方向 南為尚

冬至

76°　　27°

較涼　　較溫
快　　　暖

有瑞獸 鎮四方

東屬龍
青春木

南朱雀
夏彤紅

西白虎
秋金庫

北玄武
冬蟄伏

宮朝南　開午位

皇子在　禁城東

老太后 西頤養

神武在 無寒風

四維定

五行成

水

金　　土　　木

火

中黃土

帝王局

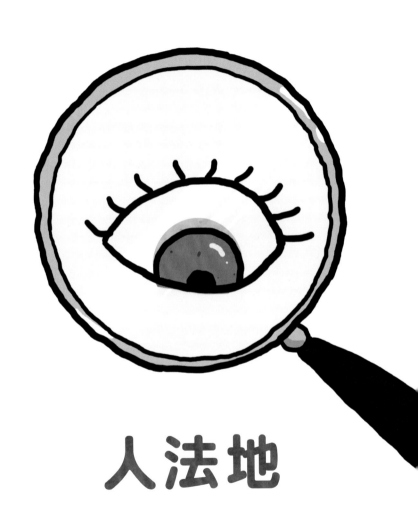

人法地

地法天

有
太
極

八卦無內外

萬物皆陰陽

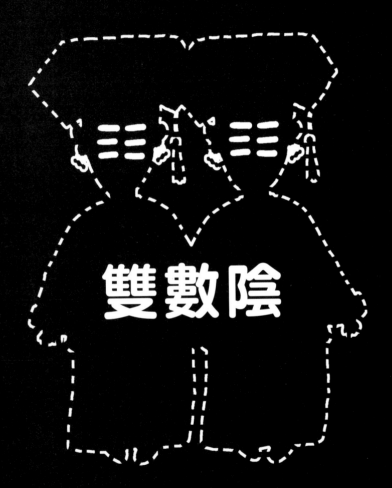

雙數陰

陽生陰

陰生陽

乾坤轉

日夜長

1 2 3 4 5 6 7 8 9

五正中

1 2 3 4 5 6 7 8 9

九 最強

九五尊

龍飛天

九九數 常遇到

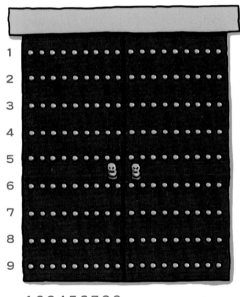

1 2 3 4 5 6 7 8 9

甚至乎 消寒圖

　　每年的冬至開始，懋勤殿壁上就會張掛一幅「九九消寒圖」，
上面是「亭前垂柳珍重待春風」9字，每字都是9筆，雙鉤成幅。
翰林值班大臣每日依序填滿一筆，直到81天後全幅完成，便是春天的開始。

故宮博物院

紫禁城宮殿

看見看不見
皇家的背面

既深奧
又玄妙……

方向

時至今天，坐北向南的房子都較受歡迎，坐北向南又背山面水的房子則更受歡迎。紫禁城坐北向南，兼且背山（景山）面水（金水河）。北風讓山給擋住，冬天的陽光照耀時間最長，夏天的烈日角度最小，柔和的南風迎面吹拂，是最好的方位、坐向和最佳的「風水」。

方向的想像

古希臘人相信，黎明時東方天邊那一抹魚肚白的曙光是一位女神，第一線朝陽是太陽神座下的馬在嘶叫。現代人可能會覺得這些想法「很不科學」，可古代人也許又會認為現代的自然世界已經不再美麗，也不再莊嚴！同樣，在古代的中國，人們寧願相信（現代的中國人也如此唱）「遙遠的東方有一條龍」，漫天風雨由牠呼喚；南方驕陽似火，是永恆不死的鳳凰所在；落日西斜，像一頭兇猛的老虎；北面陰寒，是一隻巨大神龜。

方向神獸的顏色

東面的龍是青色的（青龍）
南面鳳凰是火紅色的（朱雀）
西面老虎是白色的（白虎）
北面神龜是玄黑色的（「玄武」就是黑色的大龜）

顏色的屬性和時序

青龍屬木，勃勃生機，象徵春天。
朱雀屬火，開揚吉祥，象徵夏天。
白虎屬金，成熟穩定，象徵秋收。
玄武屬水，陰寒苦冷，象徵冬藏。

由四方神獸拱衛，木火金水的中央是衍生一切的黃色土地。
木火土金水也就是「五行」（構成一切的最基礎元素），五行相輔相成。
最好的平衡，就是最好的生活。

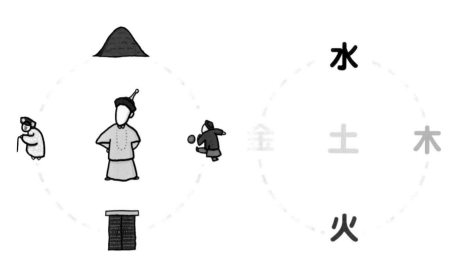

所以，皇子住在充滿朝氣的東邊；宮門朝光明的南面而開；
西面作庫，正好供太后頤養；景山就像皇宮的大靠背，
阻擋大漠颳過來的北風。
所以，皇帝居中，專用中央之黃色。
所以，雖然中國到近代才正式名為中國，
中央之國的概念老早就已經存在了。
所以，居南方（朱雀——火紅的鳳凰）的午門連檐下彩畫都是紅色的。
午門高聳起的五座樓閣，就命名為五鳳樓。

所以，紫禁城的宮殿用的都是一片片金黃燦爛的琉璃瓦。

陰陽

此外，也許是源於最初對自然現象的觀察，從日夜、明暗、大小、高低……慢慢引申到男女、順逆、愛憎、悲喜等體會，再發展到善惡、是非、禍福等更高的價值觀，形成了一套什麼都可以解釋的「陰陽」理論。

古代中國人又將一切現象歸納成 8 個不同的卦象，以及無所不包的「陰陽」理論，成為充滿中國特色的「陰陽八卦」理論。像一副對聯那樣，糊貼在傳統中國文化的大門上，十分有意思。

無極（0）**生太極**（1）由無到有，最大力量。

太極（1）**生兩儀**（2）相輔相成，此消彼長。

兩儀（2）**生四象**（4）大地四方，生生不息。

四象（4）**生八卦**（8）四方八面，一切俱足。

（坤）　　（艮）　　（坎）　　（巽）　　（震）　　（離）　　（兌）　　（乾）

八卦者，一切現象。

（認真八卦）

卦例：（乾）

（坤）

（日）（月）（山）（河）（金水河）（午門）

午門、金水河可以是個水火互濟的大鼎。
蜿蜒而過的河又可以想像為一條龍。

由簡而繁的抽象「陰陽八卦」理論，發展到「單雙」數字上所形成的「數理」，
就更是複雜玄妙到不得了。而且每一代的人都會說「有好些更更高妙的部分
失傳了！」大家也只能在更更更抽象的情況下，了解一下奧妙的「單雙」數。
首先是卦象中被形容為「十分先進」的二進制記數系統，加上中國古代的
算盤概念，據說曾給後世發明的電腦，提供了很大的啟發。
單數是陽，雙數是陰。陽盡便生陰，陰盡即陽生。

陽生陰生陽生陰生陽生陰生陽生陰生陽生陰生陽生陰生陽生陰生陽生陰生陽生陰生
陽生陰生陽生陰生陽生陰生陽生陰生陽生陰生陽生陰生陽生陰生陽生陰生陽生陰生
陽生陰生陽生陰生陽生陰生陽生陰生陽生陰生陽生陰生陽生陰生陽生陰生陽生陰生

單數是陽，雙數是陰。陽盡便生陰，陰盡即陽生。

正如一年中最炎熱的夏至來臨之後，秋意便起；
冬至最冷的一刻，也正是溫暖開始（陽生）的時候了！

看木**柱**

一條柱（陽），最有可能是旗杆，或華表。

（由無到有，毫無疑問，陽氣十足，乾為大始）

兩條柱（陰）中間是一道門（也是陽）

四條柱的方陣（陰）是一座亭（亦是陽）

看空間

3 條柱（陽）並列，一共是兩間（還是陰）

4 條柱（陰）並列，構成 3 間（陽）

一明兩暗，一正兩副，一主兩次，可以是一幢房子的立面，
或一個牌坊。傳統中國建築的立面，柱間都是單數的（自商代以後成制），
在空間應用上來說，既不構成立面出現中柱的障礙，也方便設門。

假若皇帝屬於九五之數，那麼至尊（皇帝）所至，凡可量化的都成九、五之象。再加上各種具象徵意義的數字、符號和方位，便構成了一套獨特的中國古代皇族世界所專用的「數碼 ── 圖象」系統，在漫長歲月的累積中，成為一個四維（包括歷史時間）的、龐大且複雜的空間隱喻。

所以，最高級的殿宇都是 九 間（面闊），五 間（進深）。

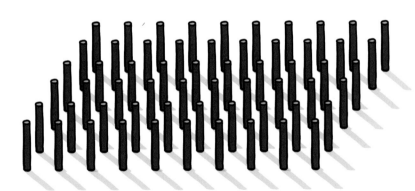

太和殿正面現有11間

正面 11 間的太和殿，當初便是九五開間的。
假如大家還記得便知道原因了。

（見第 35 頁）

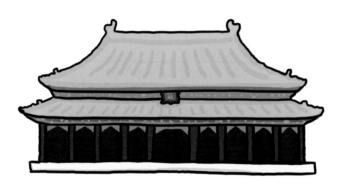

門扉上乳釘

用作加固的釘套，順理成章地成為顯示不同階級的裝飾。

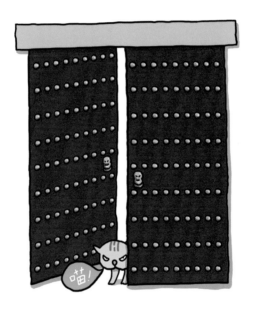

沒有裝飾：平民

7 × 9 = 63：皇帝的親戚（王府）

9 × 9 = 81：皇帝的門，九九不盡

（特別的例子）

8 × 9 = 72　紫禁城的東門（東華門），皇帝、皇后去世治喪均以此門進出。午門的東、西翼門，供大臣出入。

這幾處門上只有 72 顆門釘，在等級上，比其他的門低級。

這些深奧玄妙的事物，在故宮中比比皆是，尋常的一磚一瓦，背後的意思，只要您願意，可以一直解讀下去哩……

寫給將來的您

您好！

　　既然紫禁城保存至今已經超過六百年，希望您也可以把這本書好好保存，日後想起便可翻出來看看，長大了又可打開來看——看您小時候，我們給您講的故事。然後，該是時候由您想一想，要怎樣將故事說給您的小朋友聽了！

　　故宮裡的一切，基本上都是有生命的。就在您的小時候，這個世界已開始變得不太真實，人與人之間已逐漸不牽手，動物漸漸減少，植物除了在公園，就是在海報或屏幕裡才可以看見。「活生生」這個詞的解釋要快速調整來適應迅速遠離「活生生」的生活。每一件事，都讓人思考。

　　我們總有一些自己珍惜的東西，這些東西代表著一些故事、回憶或者貴重的價值。變成了博物院的紫禁城，本身就是一件大寶物，裝載著明、清兩個皇朝最重要的歲月，代表了一個民族甚至整個人類都珍惜的故事和回憶，這一切，都藏在這座人類最大的皇宮裡。

　　其實，在說給還是小朋友的您聽時，我們已不太了解幾百年前，曾經有十多萬人（如果記載是真的）在裡面生活和活動

的皇宮是怎樣的一回事。根據 2009 年的統計，最多遊客參觀故宮的一天，人數正好就是十多萬。這是比一個主題公園還要多的參觀人數，對一座皇宮來說，實在太不可思議了。

我們，至少我們中的絕大多數，不會是皇帝、嬪妃、皇子或大臣，也不可能完全明白沒有電子技術的通訊、資訊和娛樂的皇宮歲月會是如何度過的。但我們相信，無論什麼世代，只要是人，無論他是誰，都會有快樂和不快樂的時候，都會有關懷和被關懷的盼望。這些盼望，會以不同的形式一代一代地傳下來，傳到我們的手上，然後交給小時候的您。

讓將來的您，用您將來的方式，將盼望帶到您們的小朋友的世界裡，好嗎？

《我的家在紫禁城》系列叢書於 2010 年面世，至今仍能夠再和讀者見面，實有賴故宮博物院原常務副院長暨故宮出版社社長王亞民先生多年以來的關懷和愛護，王亞民先生與我既師亦友，情誼匪淺。謹在此表達由衷的感謝。

趙廣超

設計及文化研究工作室

設計及文化研究工作室

由趙廣超先生於 2001 年成立，一直致力研究和推廣傳統以至當代的藝術和設計文化。研究及工作範圍由書籍出版延展至包括數碼媒體、展覽、教育項目等不同形式的嘗試，並積極與不同地域的單位合作，共同推動公眾乃至海外人士對中國藝術及設計的興趣與認識。

2010 年，設計及文化研究工作室有限公司正式註冊為香港慈善團體。

2015 年，故宮出版社與工作室共同成立故宮文化研發小組。

工作室致力於撰述有關中國藝術文化的普及讀物，已出版項目包括：《不只中國木建築》、《筆紙中國畫》、《筆記清明上河圖》、《大紫禁城 —— 王者的軸線》、《國家藝術·一章木椅》、《國家藝術·十二美人》、《大紫禁城宮廷情調地圖》及《紫禁城 100》等。

鳴 謝

故宮博物院原常務副院長暨故宮出版社社長王亞民先生、
故宮出版社文化旅遊及雜誌部同仁，以及各位曾經給予本計劃指導的專家。

《我的家在紫禁城》系列

故宮三字經

著　　者	趙廣超　吳靖雯
監　　製	謝立文　趙廣超
創　　意	麥家碧　陸智昌
協　　力	馬健聰　陳漢威　張志欣
	蘇　珏　吳啟駿
責任編輯	王　昊　江其信
創作團隊	設計及文化研究工作室有限公司
出　　版	三聯書店(香港)有限公司
	香港北角英皇道499號北角工業大廈20樓
	Joint Publishing (H.K.) Co., Ltd.
	20/F., North Point Industrial Building,
	499 King's Road, North Point, Hong Kong
香港發行	香港聯合書刊物流有限公司
	香港新界荃灣德士古道220-248號16樓
印　　刷	陽光（彩美）印刷有限公司
	香港柴灣祥利街7號11樓B15室
版　　次	2023年5月香港第一版第一次印刷
規　　格	特24開（140 x 160mm）168面
國際書號	ISBN 978-962-04-4714-3

©2023 Joint Publishing (H.K.) Co., Ltd.

Published in Hong Kong, China.

本計劃的前期研究工作由何鴻毅家族基金贊助，故宮博物院支持。

CnC　設計及文化研究工作室
DESIGN AND CULTURAL
STUDIES WORKSHOP

故宮博物院
THE PALACE MUSEUM